Gottes Liebe

1. Korinther 13

Copyright © von iCharacter Limited. Alle Rechte vorbehalten; kein Teil dieses Buchs darf in irgendeiner Form ohne vorherige schriftliche Genehmigung des Herausgebers oder des Autors reproduziert oder unter Verwendung elektronischer Systeme verarbeitet, vervielfältigt oder verbreitet werden. Nur für Rezensionen dürfen kurze Ausschnitte in entsprechenden kritischen Berichten verwendet werden.

Wenn ich in vielen Sprachen sprechen und schön singen könnte, aber ich hätte keine liebevollen und freundliche Worte für andere...

Wenn ich mit Menschen- und mit Engelzungen redete, und hätte der Liebe nicht,

(Vers 1a)

...dann würde ich mich schlecht anhören, wie ein hässliches Geräusch. Für andere wäre das ziemlich unangenehm, und sie wollten mich wahrscheinlich nicht hören.

so wäre ich ein tönend *Erz* oder eine klingende *Schelle*.

(Vers 1b)

Auch wenn ich sehr gescheit bin, und der Klassenbeste, und über alles Bescheid weiß, mit lauter Einsen und Lob in meinem Zeugnis wäre ich dann beliebt?

Und wenn ich weissagen könnte und wüsste alle Geheimnisse und alle Erkenntnis

(Vers 2a)

Ich bin vielleicht ganz nahe bei Gott und bete jeden Tag. Ich habe vielleicht viel Glauben und tue alles Mögliche für Gott...

und hätte allen Glauben, so dass ich Berge versetzte,

(Vers 2b)

...Aber wenn ich keine gute Freundin bin, keine Zeit für andere habe, dann bedeutet das alles gar nichts.

und hätte die Liebe nicht, so wäre ich nichts.

(Vers 2c)

Ich gebe vielleicht meine alten Spielsachen und Kleider den armen Kindern, aber wenn ich nicht mit meinem kleinen Bruder oder meiner kleinen Schwester teilen will, wozu wäre das alles gut?

Und wenn ich alles, was ich habe, den Armen gäbe und hätte die Liebe nicht, so wäre mir's nichts nütze.

(Vers 3)

Liebe heißt zum Beispiel mit dem Spiel aufhören, wenn jemand mich braucht. Es heißt geduldig sein, andere trösten und aufmuntern.

Die Liebe ist langmütig und freundlich,

(Vers 4a)

Es ist Liebe, wenn man sich für seine Freunde freut, weil sie neue Spielsachen bekommen.

Es ist nicht Liebe, wenn man sagt: "Schau was ich habe, und du nicht."

die Liebe neidet nicht, die Liebe treibt nicht Mutwillen, sie bläht sich nicht auf,

(Vers 4b)

Wenn man Liebe zeigt, muss man nicht immer der Beste sein. Viel wichtiger ist es als Team zusammenzuarbeiten, damit alles klappt.

sie stellt sich nicht ungebärdig, sie sucht nicht das ihre,

(Vers 5a)

Wenn man liebt, regt man sich nicht auf. Man bleibt freundlich und vergibt dem anderen die Fehler.

sie lässt sich nicht erbittern, sie rechnet das Böse nicht zu,

(Vers 5b)

Ich mache mich nicht lustig über andere, wenn ihnen etwas Schlimmes passiert. Stattdessen kann ich mich mit Liebe über das Gute freuen.

sie freut sich nicht an der Ungerechtigkeit, sie freut sich aber an der Wahrheit;

(Vers 6)

Wenn ich voller Liebe bin, kann ich mich um andere kümmern und auf sie aufpassen. Ich habe Vertrauen in sie und ermutige sie in schwierigen Zeiten.

sie verträgt alles, sie glaubt alles, sie hofft alles, sie duldet alles.

(Vers 7)

Alles wird alt und geht kaputt. Andere enttäuschen mich manchmal. Aber auf die Liebe kann ich mich immer verlassen.

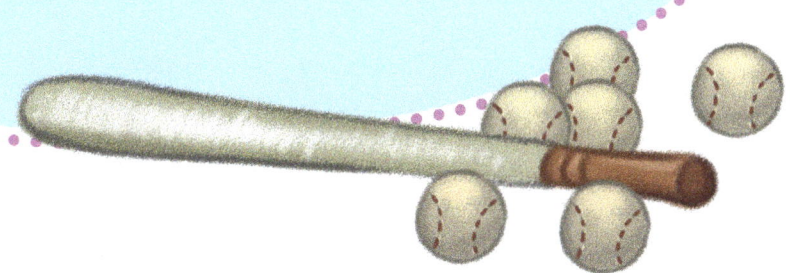

Die Liebe hört nimmer auf.

(Vers 8a)

Manchmal bemühe ich mich sehr und lerne was Neues. Nicht immer passt mir das, so wie ich es will. Im Leben geht nicht immer alles gut.

Doch die Weissagungen werden aufhören und die Sprachen werden aufhören und die Erkenntnis wird aufhören.

(Vers 8b)

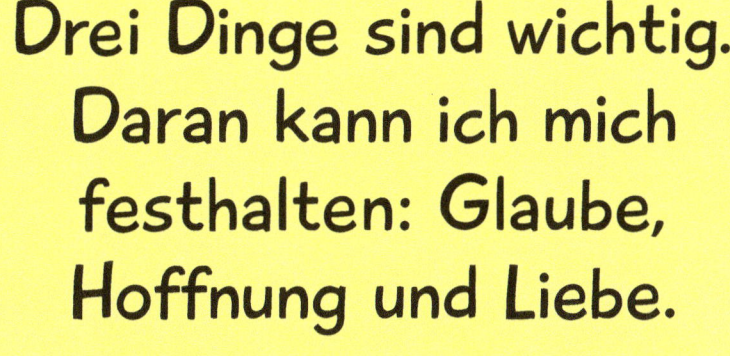

Drei Dinge sind wichtig. Daran kann ich mich festhalten: Glaube, Hoffnung und Liebe.

Aber mit Liebe leben ist das Allerbeste.

Nun aber bleibt Glaube, Hoffnung, Liebe, diese drei; aber die Liebe ist die größte unter ihnen.

(Vers 13)

Weitere Titel in dieser Buchreihe

Herausgegeben von iCharacter Limited. (Irland)
www.iCharacter.org
Von Agnes de Bezenac
Illustriert von Agnes de Bezenac
Koloriert von Senthil K.
Copyright 2016. Alle Rechte vorbehalten.
Nach der Luther-Übersetzung von 1912.
Aus dem Englischen von Gertraud K., Franz K., Inge G.

www.ingramcontent.com/pod-product-compliance
Lightning Source LLC
Chambersburg PA
CBHW040010080526
44586CB00028B/2958